AF290313

ACABA CON LA PROCRASTINACIÓN

Las claves para gestionar tu tiempo

Por Aurélie Dorchy
Traducido por Laura Soler Pinson

Salud y bienestar · 50minutos.es

¿Existen métodos para gestionar mejor nuestro tiempo?

¿Cómo conciliar tareas aburridas y placer personal?

¿Cómo ayudar a un procrastinador a ser más eficaz?

CÓMO ACABAR CON LA PROCRASTINACIÓN

- **¿Problemática?** ¿Quieres hacerlo todo bien, pero siempre dejas algunas tareas para más tarde? ¿Quizás piensas que eres más eficaz bajo presión, aunque la experiencia a veces te ha demostrado lo contrario? ¿Cómo desafiar nuestra propia procrastinación y ponernos a trabajar?
- **¿Meta?** Retomar el control de tu vida y por fin llevar a cabo los proyectos que te parecen más importantes.
- **¿Preguntas frecuentes?**
  - <u>¿Quiénes son los procrastinadores?</u>
  - <u>¿Los procrastinadores son necesariamente gente perezosa? ¿Cuáles son sus puntos fuertes?</u>
  - <u>¿Cuáles son las razones por las que siempre dejamos algunas cosas para más tarde?</u>
  - <u>¿Cuándo y cómo retomar el control de la situación?</u>

- ¿Existen métodos para gestionar mejor nuestro tiempo?
- ¿Cómo conciliar tareas aburridas y placer personal?
- ¿Cómo ayudar a un procrastinador a ser más eficaz?

Hoy en día, muchas personas se ven afectadas por este problema, ya sean estudiantes, empleados, artistas, autónomos o jubilados. ¿Y es que quién no ha dejado para mañana cosas que podría haber hecho ese mismo día, sencillamente porque se le presentaban otras actividades más placenteras? El fenómeno está tan extendido que, en 2010, el 25 de marzo fue declarado día mundial de la procrastinación. El problema que suscita este aplazamiento está relacionado con la gestión del tiempo, una temática que se ha convertido en emblemática desde los años 1990. Esto se debe a que, en nuestra sociedad, no hacer nada se denigra, mientras que lograr controlarlo todo se considera lo ideal.

Las causas y el origen de la procrastinación son diversos y provocan todo tipo de problemas en el día a día. Quien odie llamar por teléfono aplazará indefinidamente las llamadas urgentes, mientras que aquel a quien le asusta el éxito no acabará de redactar su tesis si las circunstancias externas no lo obligan a ello. Cuando se sufre de procrastinación crónica, cada día nos sentimos peor, incluso cuando huimos de nuestras responsabilidades y las sustituimos por actividades más placenteras que nos reconfortan. Cuanto más pasa el tiempo, más se acerca la fecha límite y la cantidad de trabajo aumenta o parece aún más estresante. En paralelo a esto, desarrollamos una especie de culpabilidad para con los demás.

Cuando vivimos la procrastinación en el día a día y no la asumimos, entramos en un auténtico círculo vicioso que nos atrapa y que perjudica nuestra autoestima. Pero, además de este tipo de personas que siempre lo aplazan todo para el día siguiente, existen algunas que lo hacen de forma más puntual y, aun así, desean mejorar su productividad o, simplemente, quieren gestionar mejor su tiempo para poder disfrutar más de su ocio. Sea cual sea tu perfil, para evolucionar es necesario empezar por ser consciente y por aceptar tus problemas. Solo cuando pase esta etapa podrás por fin contar con las herramientas fundamentales para organizar un día a día más sereno. La solución está a tu alcance, pero... ¡tienes que ponerte manos a la obra ya mismo!

¿POR QUÉ LO DEJO TODO PARA MAÑANA?

Muchos individuos experimentan la procrastinación, que viene generada por toda clase de miedos. Puede llevar a aplazar indefinidamente tanto una tarea doméstica como un proyecto a largo plazo o, incluso, una conversación difícil con un ser cercano. Los perfiles que describimos a continuación no son exhaustivos, pero reflejan una buena parte de los bloqueos que se encuentran en el origen de la procrastinación. Puede que estés afectado por varios de ellos o por ninguno; lo fundamental es identificar lo que te frena barajando todas las posibilidades. En el fondo, seguramente ya sabes qué ocurre, pero, sin duda, te reconfortará leer que otras personas tienen los mismos dilemas.

BUSCAS LA PERFECCIÓN

El perfeccionista no soporta la idea de que una tarea esté mal ejecutada. Sabe que, si empieza un trabajo —sobre todo un trabajo interminable o ante el que no se encuentra cómodo—, existen posibilidades de que no quede perfecto a la primera y que, por lo tanto, haya que revisarlo en varias ocasiones, sin saber si algún día estará satisfecho con el resultado. En estas condiciones, no hacer nada permite a la persona que sufre de perfeccionismo dedicarse a tareas más fáciles en las que destaca, con lo que se evita toda decepción. No obstante, hay que tener cuidado si tiendes a funcionar de esta manera, ya que, ante todo, desear la perfección puede frenarte en tu desarrollo, en vez de llevarte hacia delante.

«Yo solo contemplo la perfección, no me conformo con un resultado medio, ni siquiera bastante bueno; tiene que ser muy bueno, y sería la persona más feliz del mundo si fuera excepcional. Quizás sea esta la razón por la que lo dejo todo para mañana, porque tengo miedo de que no esté a la altura de mis expectativas. Y eso que intento repetirme que, si no trabajo, esa producción no podrá ser buena. Esto tendría que ser un argumento de peso para mí, pero no, no funciona» (Anita, 50 años).

TEMES DECEPCIONAR

Alguien que teme defraudar a un director de tesis, a un jefe o a un ser cercano, consecuencia o no de un cierto perfeccionismo, no se siente a la altura de la tarea que debe ejecutar o que se le ha confiado. Así, estás convencido de que se te atribuyen aptitudes que no tienes o que crees que no tienes, por lo que no confías en tus propias capacidades y tienes miedo de ver el asombro en los ojos del otro cuando descubra el alcance de tu incompetencia. Si te reconoces en esta descripción, quizás sufres del síndrome del impostor.

EL SÍNDROME DEL IMPOSTOR

Las personas que sufren del síndrome del impostor temen que un día se descubra que no están a la altura, que no tienen tanto talento como se pensaba y que su lugar está en otra parte. Así, dudan en lanzarse a nuevos proyectos que sacarían a la luz sus debilidades y los harían vulnerables a ojos de los demás. En realidad, son ellos quienes más daño se hacen a sí mismos, limitando sin motivo el desarrollo de sus capacidades.

Verse como un impostor en un entorno supuestamente más competente, meritorio o legítimo puede llevar a la procrastinación. En efecto, para evitar provocar decepción en los demás, pospones constantemente lo que tendrías que hacer. No obstante, al aplazar indefinidamente una tarea, refuerzas la idea de que eres un impostor y vas directo hacia el autosabotaje.

Es importante que seas consciente de que todo el mundo es vulnerable y puede cometer errores, sin que ello signifique que tengas que poner en entredicho lo que eres. Nadie espera de ti que lo logres todo a la primera. Olvida los juicios de los demás y, simplemente, da lo mejor de ti.

NECESITAS CONTROLAR A LOS DEMÁS

Llegar tarde a las citas constantemente o entregar los proyectos después de la fecha límite sin sentir ninguna culpabilidad puede deberse a la necesidad inconsciente de controlar a los demás. Alguien que adopta un comportamiento de estas características no soportaría los límites que le imponen los demás, ya formen parte de su entorno o sean sus superiores jerárquicos. Lo que está en juego en este caso es un deseo de libertad y de control sobre nuestro tiempo.

Aceptar que los otros definan una parte de nuestras prioridades y de nuestro tiempo puede resultar difícil, porque creemos que somos los únicos dueños de nuestra vida. Sin embargo, aunque es cierto que no podemos aceptarlo todo de los demás, a veces es necesario ceder a los plazos que otro ha fijado para culminar con éxito algunos proyectos. Así es como sucede especialmente en la vida profesional, donde no aceptar las fechas límite puede costarte caro si no eres tu propio jefe.

CONFÍAS DEMASIADO EN TUS CAPACIDADES

Algunos procrastinadores, que confían demasiado en sus capacidades, no toman en consideración los problemas específicos que se presentan en cada proyecto nuevo. En efecto, cuando todo ha ido siempre sobre ruedas, es difícil imaginarse que puede que las cosas no vayan como deberían. La persona en cuestión corre el riesgo de evaluar incorrectamente el alcance de la tarea, la dificultad o el tiempo necesario para llevar a cabo una nueva misión. Sin embargo, inconscientemente, tendrá la sensación de jugar con fuego y podrá sentir que está en una posición incómoda. Por lo tanto, es importante tener en cuenta nuestras capacidades, pero también las características específicas relacionadas con el trabajo que debemos llevar a cabo.

> «También pospongo el esfuerzo al máximo, convenciéndome de que tengo tiempo, que trabajaré más mañana y en los días siguientes. Así, la carga de trabajo aumenta y, como el tiempo impartido para hacerlo disminuye, el estrés crece poco a poco» (Justine, 35 años).

RECHAZAS TODO TIPO DE FRACASO

El miedo al fracaso, estrechamente relacionado con el perfeccionismo y con el miedo a decepcionar, lleva a muchas personas a aplazar los proyectos que consideran muy importantes. Así pues, el que estos no lleguen a buen puerto tan solo se deberá a que no se les habrá dedicado el tiempo suficiente, y no a una falta de capacidad para gestionar estos expedientes. De hecho, es menos desestabilizante que haber trabajado durante una gran cantidad de horas para nada.

Sin embargo, solo cuando salimos de nuestra zona de confort podemos descubrir en nosotros nuevas aptitudes y evolucionar. Enfrentarse a las dificultades que nos encontramos permite conocernos mejor y vencer nuestros miedos.

TEMES EL ÉXITO Y EL CAMBIO

Lo que más temen algunos es el fracaso, pero a otros les ocurre lo contrario, e inconscientemente intentan alejar un éxito que muy probablemente haría que fueran solicitados para proyectos cada vez más importantes. En realidad, tiemblan ante la idea de salir de las sombras, de crecer, de desarrollarse y de convertirse en los protagonistas de sus propias vidas. A este tipo de procrastinadores le cuesta proyectarse en el futuro; por ello, prefieren dedicarse a tareas bien definidas e incluso repetitivas que ya conocen. Se quedan estancados y no se atreven a iniciar proyectos que les obliguen a salir de su zona de confort.

Sin embargo, trabajar activamente nuestros miedos y nuestras angustias permite superarlos. Las posibilidades de evolución que nacen después son a veces menos desconcertantes de lo que imaginábamos y son la ocasión para explotar nuestras competencias en retos más estimulantes, para aprender algo realmente.

TRABAJAS MEJOR CON URGENCIA

Aunque pueda resultar embriagador encadenar noches en vela para cerrar un expediente porque no te has puesto a ello con suficiente antelación, esta forma de funcionar siempre conlleva un riesgo y, en algunos casos, puede resultar incluso catastrófica. Quien funciona con urgencia siempre se pregunta si esta vez logrará acabar lo que tiene que hacer en los plazos fijados, lo que resulta muy estresante.

Así, incluso si piensas que necesitas adrenalina para avanzar y aunque sepas que te sentirás más orgulloso por haber terminado tu trabajo dentro del plazo, este tipo de conducta en seguida puede resultar agotadora. Por otra parte, trabajar de forma sistemática bajo presión significa necesariamente que tendrás que desatender algunos aspectos del proyecto por falta de tiempo. Resulta muy frustrante darse cuenta de que podrías haber presentado un trabajo mucho mejor si hubieses empezado antes.

LAS OTRAS CAUSAS

El origen de la procrastinación puede encontrarse en otros miedos. Mientras que a unos les faltará visión a largo plazo y no verán lo que podría aportarles la realización de una tarea, por lo que preferirán optar por lo que conlleva una satisfacción inmediata, otros temerán que les falte tiempo de ocio o ser esclavos de su trabajo. Para algunos, tomar decisiones supondrá el obstáculo ante el que siempre se pararán por miedo al impacto que podrían tener en el futuro y la imposibilidad de volver atrás. Otras, simplemente, se negarán a llevar a cabo un proyecto que les cuesta mucho y lo apostarán todo a las tareas cuantificables y cuyo resultado es más rápido.

Todas estas problemáticas demuestran lo importante que es reflexionar acerca de nuestros propios frenos e identificar los principales para poder cuestionarlos y reducir el sufrimiento que deriva de ellos. Si, en el fondo, quieres mover montañas o, sencillamente, deseas gestionar mejor tus asuntos, sería una pena que no trabajaras los motivos de la procrastinación para convertirte por fin en el dueño de tu propia vida.

TEST: IDENTIFICA LOS FRENOS QUE TE IMPIDEN ACTUAR

De las siguientes afirmaciones, elige las que más se corresponden contigo y calcula a continuación el total de símbolos obtenido.

• Me resulta difícil priorizar mis tareas.

△ Soy muy sensible a la opinión de los demás.

△ Me siento un inepto cuando fracaso.

♦ Mientras no tomo decisiones, me quedo en mi zona de confort.

♦ No soporto las críticas.

• Necesito ánimos para ponerme a trabajar.

• Pienso que soy poco metódico.

♦ Me niego a que me den órdenes.

△ Nada de lo que hago me parece satisfactorio.

• A menudo, veo los proyectos que me confían como cimas inalcanzables.

Δ Presto mucha atención a los detalles.

♦ Siempre me paso de las fechas límites fijadas.

♦ Cuando las exigencias me parecen demasiado elevadas, hago las cosas de cualquier manera.

• Me interesa más lo que me aporta satisfacción inmediata.

• Creo que tengo tiempo, así que no hago nada, y al final tengo que hacerlo todo con prisas.

Δ Necesito mucho reconocimiento para avanzar.

♦ Intento hacerlo todo solo, sin ayuda de nadie.

♦ Tengo miedo de mostrarme vulnerable.

Δ Creo que soy menos inteligente que mi entorno.

Δ Me angustian las responsabilidades.

• No siento presión con respecto a tareas cuyo plazo límite está lejos.

♦ Evito las tareas que no respetan mi mente lógica y creativa.

Δ Soy muy sensible a las críticas negativas.

♦ A menudo llego tarde a casa de los demás.

• Cuando tengo que hacer algo, nunca sé por qué tarea debo empezar.

• Cuando tengo un objetivo, es fácil que me desvíe de mi tarea.

Δ No confío en mis capacidades.

♦ No quiero que se den cuenta de mis defectos.

♦ No me lanzo en un proyecto si no estoy seguro de que lo voy a culminar con éxito.

• Si no entiendo bien lo que debo hacer, lo dejo de lado.

Resultados:

• **Tengo una mayoría de** •: Me falta un método. La razón principal por la que aplazo tareas con frecuencia es que soy poco metódico o no entiendo bien lo que debo hacer. Entonces, centro mi atención en lo que conozco bien o en lo que aporta placeres inmediatos. Sin embargo, darse un tiempo para reflexionar a menudo permite encontrar soluciones a los problemas que podría afrontar durante la realización de la tarea.

- **Tengo una mayoría de** Δ : Tengo miedo de decepcionar. Ese miedo a menudo va acompañado por una falta de autoconfianza. Puede ser la consecuencia de un nivel de exigencia demasiado elevado que tengo con respecto a mí mismo o, simplemente, puede estar relacionado con el hecho de que deseo gustar a cualquier precio a mi entorno para ganar una cierta legitimidad. Este tipo de pensamientos no animan a lanzarse a proyectos que pueden exponerme a la crítica. No obstante, solo si realizo esos proyectos podré adquirir nuevas competencias y perfeccionarme.
- **Tengo una mayoría de** ♦ : Quiero mantener el control. Si llego tarde constantemente o si me opongo a cualquier orden, doy la sensación de que lo quiero controlar todo y de que soy el único que puede decidir mi horario. Probablemente, no soporto las críticas y prefiero dedicarme a actividades

que me aportan una satisfacción total. Aunque es cierto que gestionar el tiempo al 100 % presenta algunas ventajas, es imposible no contar para nada con los demás. Entonces, ¿por qué no negociar para que todos salgan ganando?

LAS EXCUSAS DEL PROCRASTINADOR

El procrastinador tiene varias excusas para evitar empezar las tareas desalentadoras. A continuación, presentamos las tres principales:

- las aplaza para un momento que considera más oportuno;
- decide que otra actividad es más importante;
- asegura que no tiene tiempo.

Si bien existen muchas razones que explican la procrastinación, no es tan diversificada su aplicación a la realidad: eliges desviar tu atención sobre otra cosa, mientes, finges que olvidas y, en resumen, aplazas.

LOS MÉTODOS PARA PROCRASTINAR CON MENOR FRECUENCIA

MOTIVARSE A TRAVÉS DEL PENSAMIENTO

Hazte las preguntas adecuadas

Pregúntate con frecuencia si tus actividades concuerdan realmente con tus objetivos vitales. Si se alejan demasiado, es normal que no tengas ningunas ganas de prestarles atención. Sin embargo, a veces, si reflexionas, puedes encontrar una faceta del trabajo por hacer que te resulta provechosa. Si no encuentras ninguna, quizás es hora de que empieces a plantearte tu orientación laboral o algunas opciones de vida.

Resiste mejor a las tentaciones

Si, por el contrario, estas actividades son importantes para ti, pero bastante difíciles de llevar a cabo, lo primero que debes hacer es proyectarte en el futuro e imaginar la lástima que sentirías al soportar las consecuencias nefastas que derivarían de no haber hecho nada. Si nunca pagas el alquiler en hora, puedes imaginarte, por ejemplo, que el casero te echa de casa.

En segundo lugar, debes identificar las tentaciones que podrían desviarte de tu objetivo. Por supuesto, el objetivo no es que las prohíbas por completo, sino que aumentes tu capacidad de resistencia. Puede tratarse de películas, salidas, redes sociales, videojuegos o, incluso, de tareas domésticas, que pueden convertirse en una tentación apetecible cuando pueden desviarnos de un trabajo que resulta complejo.

No es fácil disminuir las tentaciones, por lo que debes proceder progresivamente. Mejorarás más avanzando paso a paso. Identifica los momentos del día en los que es más probable que te dejes llevar. Por ejemplo, si eres poco eficaz por la noche, no programes las tareas más importantes y complejas para ese momento. En su lugar, aprovecha esos instantes para llevar a cabo las que te molestan menos. Cuando hayas avanzado bastante en un expediente difícil, recompénsate con una pequeña pausa en la que harás exactamente lo que quieras.

También es importante que analices las cosas que haces para descubrir lo que te procura más placer. Por ejemplo, si pasas mucho tiempo en internet, navegando de una página a otra, ¿por qué no seleccionar las que realmente te distraen y fijar un lapso de tiempo en el que podrás acudir a ellas cada día? No intentes frenar de golpe todas esas actividades que consumen tanto de tu tiempo. Corres el riesgo de que no sea tan definitivo como quieres y esto podría desanimarte a seguir esforzándote.

Además, también es fundamental que veas el placer y la alegría que te aporta la realización de los proyectos. ¿No estás más contento cuando concluyes algo que tenías que hacer que cuando simplemente ves una película?

Sé tu mejor amigo

Cuando luches contra la procrastinación, tú eres quien sabe mejor lo que es bueno para ti. ¿Y si, a partir de este momento, decidieras creer en ti y brindarte el mejor apoyo posible para realizar tus proyectos? Si uno de tus amigos estuviera en problemas, ¿cómo te comportarías con él? ¿Lo rebajarías hasta que termine por abandonar o, por el contrario, lo animarías a que vaya hasta el final de lo que tiene entre manos?

Es esta segunda actitud la que te invitamos a adoptar para ti mismo. Por ejemplo, para ayudarte a ganar en seguridad, puedes anotar tres cosas positivas que has hecho durante el día en un pequeño cuaderno y volver a leerlo de vez en cuando para encontrar motivación.

ORGANIZA TU TIEMPO

Divide tus tareas en pequeñas actividades

Cuando tienes que hacer un trabajo, ya sea profesional o relacionado con tu vida personal, aconsejamos que dividas la tarea en varias subtareas. Por ejemplo, si debes avanzar en un proyecto de escritura, delimita las partes de texto en las que deseas trabajar cada día. «Redactar mi tesis» se convierte en «Redactar el punto A», «Redactar el punto B», etc., o incluso «Redactar el primer párrafo del punto A».

¡Sé preciso! Cuanto más delimites la tarea, más factible parecerá y más fácil te resultará calcular el tiempo. Además, eso te permitirá saber inmediatamente lo que tienes que hacer y ya no podrás poner excusas para desviarte de tu misión diaria.

Elabora listas

Hacer una lista con las cosas por hacer es la técnica más extendida y más eficaz para organizar lo mejor posible el día. Para ello, siempre se aconseja alternar las actividades fáciles con las que te parecen más molestas. Cuando hayas anotado en la lista todas tus actividades, intenta dividirlas como sea más adecuado y clasifícalas según su prioridad: algunas serán urgentes e importantes (UI), otras urgentes y no importantes (Ui), otras no urgentes pero importantes (ul) y, para acabar, ni urgentes ni importantes (ui). Esta técnica de clasificación que propone Daniel Latrobe en su obra acerca de la gestión del tiempo te permitirá identificar aquello en lo que debes concentrar tu energía y que debes tratar prioritariamente.

En un primer momento, escribe todo lo que deseas llevar a cabo en el día.
A continuación, atribuye a cada misión el nivel de urgencia y de importancia.

☐ Conducir los niños al colegio	UI
☐ Organizar el cumpleaños sorpresa de mi hija	ul
☐ Preparar la comida de mediodía	Ui
☐ Leer una novela	ui
☐ Hacer una hora de deporte	ul
☐ Ir a buscar a los niños a la escuela a las 13:00	UI
☐ Preguntar por Pascale	ui
☐ Hacer la compra	UI

Lista de tareas por hacer organizada	
Después, reorganiza tu plan de trabajo de una forma más lógica. En seguida verás todo lo que debes hacer obligatoriamente y las actividades que pasan a un segundo plano.	
☐ Conducir los niños al colegio	UI
☐ Hacer la compra	UI
☐ Ir a buscar a los niños a la escuela a las 13:00	UI
☐ Preparar la comida de mediodía	Ui
☐ Organizar el cumpleaños sorpresa de mi hija	ul
☐ Hacer una hora de deporte	ul
☐ Leer una novela	ui
☐ Preguntar por Pascale	ui

Estas listas tienen que estar a la vista en tu entorno para que siempre las tengas presentes. Esto te ayudará a no olvidar tu objetivo. No dudes en variar su apariencia para que sigan siendo atractivas.

Cuando termines una tarea, acostúmbrate a tacharla de tu lista. Así, podrás ser consciente de lo que has avanzado y experimentarás más placer y una mayor motivación.

Si quieres tener una idea exacta de lo que tienes que hacer y tienes ganas de planificarlo en tu jornada, opta por la lista con franjas horarias. Cuanto más superado te veas, más útil resultará esta técnica para reorientarte e impedir que pases demasiado tiempo con una tarea, en detrimento de otra. No obstante, no olvides que no eres una máquina y que deben evitarse al máximo las jornadas demasiado cargadas.

La lista con franjas horarias que te proponemos es la de una persona que quiere conciliar su vida familiar, sus proyectos personales y la administración del hogar. Si utilizas un sistema similar, deberás planear franjas más amplias de lo necesario para gestionar los imprevistos o la fatiga que podrían producirse.

Lista por franjas horarias

- **06:00-06:30**: Despertarse + desayuno
- **06:30-07:00**: Ducha
- **07:00-07:30**: Ducha de los niños
- **07:30-08:00**: Preparar las cosas de los niños y mis cosas personales
- **08:00-08:30**: Llevar a los niños al colegio
- **09:00-12:00**: Formación de idiomas

- **12:30-13:00**: Preparar la comida
- **13:00-14:00**: Ocuparme de las facturas
- **14:00-15:00**: Cita con el dentista
- **15:30-16:30** : Recoger a los niños y llevarlos al fútbol
- **17:00-17:45** : Hacer la compra para la velada del sábado
- **18:00-19:30** : Clase de yoga

- **19:30**: Recoger a los niños del fútbol
- **20:00-20:30**: Limpieza rápida
- **20:30-21:00**: Cena
- **21:00-22:00**: Leer tranquilamente después de asearme rápidamente

Elabora una retroplanificación

Cuando sabes la fecha límite en la que tienes que haber acabado un proyecto de gran alcance, tienes que elaborar una retroplanificación. Al contrario que la simple lista que tienes que hacer cotidianamente y que recoge las actividades que debes hacer ese día en concreto, la retroplanificación ofrece una panorámica de un periodo de tiempo determinado (un mes, un trimestre, un año, etc.).

Empieza por la fecha en la que tendrá lugar el evento para el que trabajas y remóntate en el tiempo. Anota en esa tabla cada etapa de tu proyecto y fija el tiempo necesario para realizarla. Es importante que preveas márgenes de error, ya que evaluar correctamente la duración de una acción no es fácil y siempre puede surgir un imprevisto.

La retroplanificación que te proponemos a continuación está relacionada con la preparación de una fiesta de cumpleaños sorpresa que tendrá lugar el próximo 4 de junio. Los distintos puntos que deben organizarse se dividen en varias tareas cuya culminación puede extenderse varios días.

No olvides que siempre tienes que contar con un poco más de tiempo de lo planeado para poder enfrentarte a los imprevistos. En azul están marcadas las misiones que contribuirán a crear un ambiente particular el día del cumpleaños; en rosa, las misiones más generales, como consultar al servicio de cáterin, etc.

Organización de la fiesta de cumpleaños de Nathalie (4 de junio)

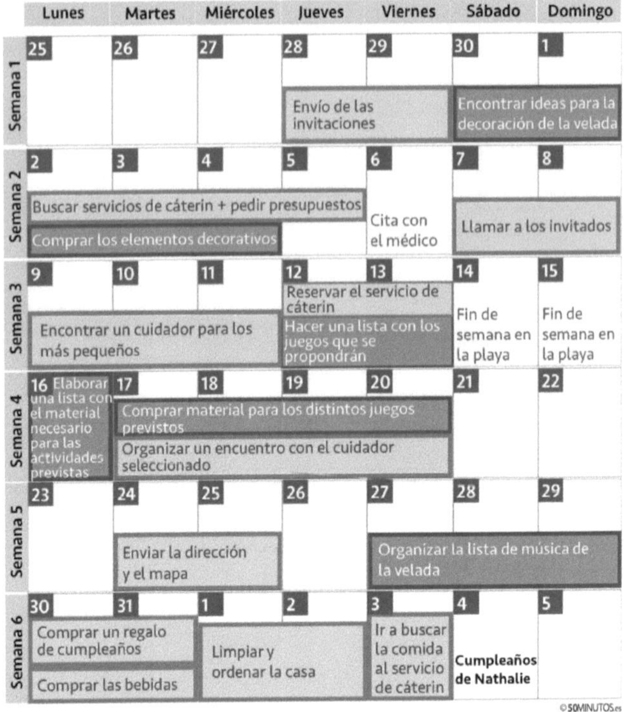

	Lunes	Martes	Miércoles	Jueves	Viernes	Sábado	Domingo
Semana 1	25	26	27	28 Envío de las invitaciones	29	30 Encontrar ideas para la decoración de la velada	1
Semana 2	2 Buscar servicios de cáterin + pedir presupuestos / Comprar los elementos decorativos	3	4	5	6 Cita con el médico	7 Llamar a los invitados	8
Semana 3	9 Encontrar un cuidador para los más pequeños	10	11	12 Reservar el servicio de cáterin / Hacer una lista con los juegos que se propondrán	13	14 Fin de semana en la playa	15 Fin de semana en la playa
Semana 4	16 Elaborar una lista con el material necesario para las actividades previstas	17 Comprar material para los distintos juegos previstos / Organizar un encuentro con el cuidador seleccionado	18	19	20	21	22
Semana 5	23	24 Enviar la dirección y el mapa	25	26	27 Organizar la lista de música de la velada	28	29
Semana 6	30 Comprar un regalo de cumpleaños / Comprar las bebidas	31	1 Limpiar y ordenar la casa	2	3 Ir a buscar la comida al servicio de cáterin	4 Cumpleaños de Nathalie	5

La utilización del diagrama de Gantt a menudo se recomienda para llevar a cabo una retroplanificación eficaz, ya que permite visualizar inmediatamente el reparto de tareas, su avance, etc. El principio es sencillo, pero la elaboración puede llevar tiempo. Se trata de elaborar una lista con las tareas concretas que hay que realizar en relación a un proyecto determinado, prever una duración para cada una y plasmar estos dos datos (tareas/duraciones) en una tabla. A medida que vayas terminando estas tareas, se van rellenando las casillas que representan la duración.

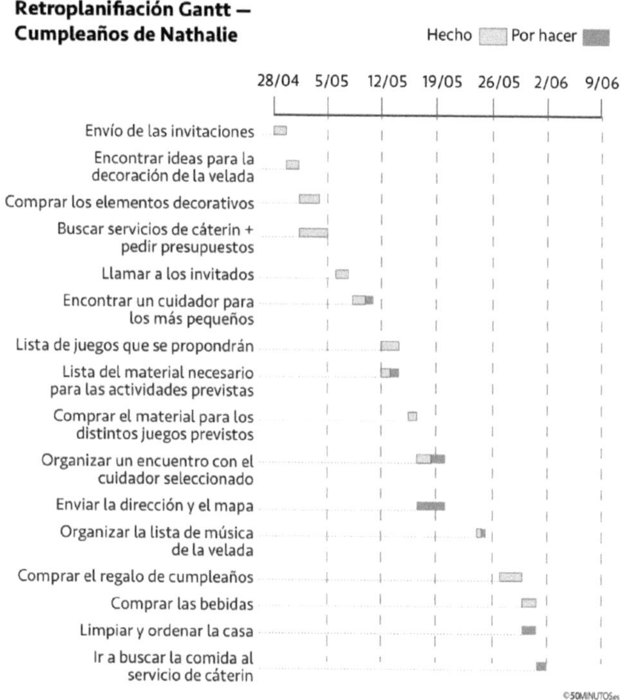

¿SIN PLAZOS? ¡TE TOCA FIJAR UNA FECHA LÍMITE!

Cuando no tienes a nadie detrás para pedirte el trabajo para una fecha determinada, puede que dejes en suspenso las cosas indefinidamente. Para que esto no se vuelva a producir, fíjate un plazo límite que respetarás. Aunque el estrés no está tan presente como si tuvieras que rendir cuentas a alguien, esto te permitirá planificar las distintas acciones que tienes que llevar a cabo.

Planifica tu ocio

Planificar tu ocio te evitará que le dediques demasiado tiempo durante la semana o que lo ignores en favor de tus obligaciones. Para algunos, este método podría restar espontaneidad, pero esto te asegurará tener franjas horarias dedicadas a lo que realmente te gusta hacer.

El método Pomodoro®

El método Pomodoro®, inventado por el italiano Francesco Cirillo a finales de los años 1980 cuando todavía era estudiante, consiste en programar sesiones de trabajo de 25 minutos, interrumpidas por pausas de 5 minutos. Después de cuatro sesiones de trabajo (es decir, 4 x 25 minutos, a los que se añaden 4 x 5 minutos), puede concederte una pausa de unos 15 minutos. El objetivo es volver a estimular constantemente tu atención para mantenerte concentrado y permitirte una mejor evaluación del tiempo para efectuar una tarea. El autor del método invita a los usuarios a calcular la duración necesaria para cada tarea en «pomodori», en vez de en unidades horarias.

¿SABÍAS QUE...?

Pomodoro significa «tomate» en italiano. Este nombre viene de la forma de tomate del temporizador de cocina que utilizó el inventor del método para calcular sus sesiones de 25 minutos.

Algunas ideas para aprovechar tus pausas breves:

- salir a andar un poco;
- hacer estiramientos;
- meditar;

- leer un artículo en el periódico;
- beber un vaso de agua o un café;
- comer un refrigerio (preferentemente, una fruta);
- hacer una pequeña tarea doméstica;
- etc.

ESTABLECER UN MARCO PARA EL TRABAJO

Escoge un lugar adecuado

Para que puedas culminar tus tareas de la mejor manera posible, es importante que encuentres un lugar adecuado para el tipo de actividad que quieres llevar a cabo. ¿Necesitas concentrarte? Entonces, acude a un lugar tranquilo, donde nadie vendrá a molestarte. Si alguien te interrumpe, no dudes en decirle que estás ocupado, sin que te dé vergüenza, y poneos de acuerdo sobre otro hueco en el que podréis hablar.

Empieza por lo que te parece más fastidioso

Tras haber anotado todas las cosas que tienes que hacer en una jornada, a menudo es preferible empezar por lo que puede requerir más energía, ya sea a nivel intelectual o a nivel físico. No olvides que tendemos a tener más energía por la mañana que por la tarde, cuando el cansancio relacionado con la digestión puede hacerse notar. Además, una vez que hayas acabado esa tarea, contemplarás el resto de la jornada con mucha más serenidad.

Acostúmbrate a pasar directamente a la acción

En cuanto te nazca una idea en relación con un proyecto o sientas ganas de hacer algo, ya sea porque estás inspirado o porque es el momento adecuado, ponte manos a la obra. Retrasar la ejecución de esa tarea te obligará a ocuparte de ella más tarde, cuando se te hayan pasado las ganas y se hayan añadido otras obligaciones a tu lista de cosas que hacer.

Delega cuando sea posible

A veces, está bien aceptar pedir ayuda a nuestro entorno si pensamos que no podemos llegar hasta el final de nuestra lista de tareas. No obstante, debes prestar atención a las actividades que ocupan a la persona en la que quieres delegar alguna cosa y no imponerle tu forma de proceder. Aprende a respetar los horarios de cada uno y a tener en cuenta sus obligaciones y sus necesidades.

¿QUÉ ACTITUD ADOPTAR DURANTE TU EVOLUCIÓN?

Como ya sabes, modificar tus conductas toma su tiempo y escapar de la procrastinación requiere trabajar sobre ti mismo. Por lo tanto, debes mostrar perseverancia, lo que implica aceptar ponerte en entredicho constantemente. Incluso aunque al principio te ocurra que cedes con frecuencia a las distracciones, si en tu día a día simplemente tomas conciencia de ello, tendrías que lograr limitarte de forma progresiva para concentrarte en lo que realmente te interesa.

Como todos somos diferentes, no dudes en poner a prueba las diversas técnicas propuestas, según tus ganas y tus necesidades. Cuando identifiques lo que funciona mejor para ti, no titubees e instaura una gestión del tiempo más personalizada. Haz gala también de tu creatividad. Si no te gusta elaborar tablas de tu horario en Excel, hazlas en papel o busca otros programas o aplicaciones que te permitirán organizar tu tiempo de una forma más atractiva.

Gracias a los progresos que experimentarás, aumentarán tu autoconfianza y tu capacidad para calcular el tiempo necesario para realizar una misión. Quizás tenías prejuicios acerca del nivel de dificultad de una tarea, pero dedicarse a ella realmente apelando a las estrategias propuestas te permitirá darte cuenta de que no requería tanto tiempo o tanta energía como pensabas. En el futuro, ya no tendrás miedo de ponerte mano a la obra. Si trabajas tu motivación y tus diferentes bloqueos, no solo resolverás un problema de organización, sino que también serás consciente de la voluntad que te mueve y te ayudará a enfrentarte a diferentes situaciones. Será más fácil pasar a la acción.

PREGUNTAS FRECUENTES

¿QUIÉNES SON LOS PROCRASTINADORES?

Todos somos procrastinadores. En cuanto una persona tiende a postergar para más tarde algunas tareas, está procrastinando. Por supuesto, existen varios tipos de procrastinadores: está el que siempre aplaza todo y no logra retomar el control sobre las cosas y, en ese caso, hablamos de un procrastinador perezoso; está el que se esconde tras una montaña de actividades sencillas de hacer para no llevar a cabo lo que le molesta más y que resulta más difícil, y en ese caso hablamos de un procrastinador estructurado; etc. La problemática afecta a un número tan grande de personas que se les ha dedicado un día.

¿LOS PROCRASTINADORES SON NECESARIAMENTE GENTE PEREZOSA? ¿CUÁLES SON SUS PUNTOS FUERTES?

No, los procrastinadores no tienen por qué ser perezosos. ¡Al contrario! Pueden llegar a mostrarse muy activos afrontando muchas obligaciones. Lo que los diferencia de los demás es el hecho de que tienden a concentrarse en elementos que son totalmente accesorios. Por ello, si sufres de procrastinación, es importante aprender a clasificar las tareas cotidianas según su prioridad y cumplir con ello.

A pesar de los problemas que provoca la procrastinación, lo cierto es que puede permitir el desarrollo de algunas cualidades. En efecto, a menudo, el procrastinador debe mostrar creatividad para encontrar soluciones con las que respetar los plazos muy cortos a los que debe enfrentarse. Además, tener la capacidad de trabajar eficazmente con urgencia puede ser una virtud nada desdeñable en muchas profesiones. Para acabar, procrastinar a veces permite dejar madurar una idea o encontrar fuentes de inspiración originales que no se habrían revelado de otra manera.

¿CUÁLES SON LAS RAZONES POR LAS QUE SIEMPRE DEJAMOS ALGUNAS COSAS PARA MÁS TARDE?

Cada uno tiene sus propias razones. Algunos tienen miedo de producir algo imperfecto, otros temen que les falte tiempo libre y a una buena parte les asusta fracasar o, incluso, tener éxito. Al ver las cosas con perspectiva, encontrarás en ti la causa principal de tu negativa a ponerte a trabajar. Acéptala y trabájala con regularidad, sin juzgarte, para mejorar poco a poco.

¿CUÁNDO Y CÓMO RETOMAR EL CONTROL DE LA SITUACIÓN?

Cuando tengas la sensación de que gestionas mal el tiempo o, simplemente, cuando tu tendencia a hacerlo todo en el último momento te ha perjudicado. Primero, debes determinar los frenos y los problemas recurrentes que te bloquean, y buscar un medio para superar tus miedos y canalizar tus emociones. Al mismo tiempo, o después, infórmate acerca de los trucos que existen para ser más productivo. Ser regular es fundamental para instalar de forma duradera nuevas costumbres en tu vida y, también para adquirir nuevas competencias.

¿EXISTEN MÉTODOS PARA GESTIONAR MEJOR NUESTRO TIEMPO?

Existen muchos métodos o, más bien, trucos para motivarse para efectuar las tareas más complejas y agotadoras. Algunos han demostrado su eficacia, otros son más originales y solo esperan a ser desarrollados y personalizados. El método de la lista es el más clásico, pero no siempre bastará para mantener la motivación. Así pues, no dudes en poner a prueba varios para encontrar el que más se adecua a ti.

¿CÓMO CONCILIAR TAREAS ABURRIDAS Y PLACER PERSONAL?

Por una parte, permitiéndote alternar placer y trabajo y, por otra parte, haciendo de tu trabajo algo que te gusta hacer; de esta manera, disfrutarás con las tareas que te ocupan a diario. Como no siempre es posible, simplemente relaciona lo útil con lo agradable. Nada te impide planchar o lavar los platos mientras escuchas música o ves una película, por ejemplo. Si te aburre hacer deporte, piensa en los beneficios que conllevarán tus esfuerzos, pero también en los aspectos positivos del curso de deporte en sí mismo.

Además, es importante despejarse de vez en cuando, haciendo pausas para ayudar a que nazcan nuevas ideas y recuperar la motivación. Esto no quiere decir que puedas hacer cualquier cosa durante esos momentos de relajación. Opta por las actividades con las que realmente desconectes. ¿Por qué no vas a pasearte durante unos veinte minutos en vez de sentarte delante de la televisión?

¿CÓMO AYUDAR A UN PROCRASTINADOR A SER MÁS EFICAZ?

Para ayudar a un procrastinador a ser más eficaz, tendrás que apoyarlo y no hacer que se sienta culpable. No dudes en proponerle tu ayuda para preparar un plan de trabajo o para llevar a cabo algunas tareas juntos. Quizás tengas competencias que le faltan a tu ser cercano y que podrían ayudarlo a analizar el problema desde un ángulo diferente. Si te lo pide, puedes sugerir «confiscar» algunas fuentes de distracción para ayudarlo a concentrarse; o proponerle hacer un balance de su progreso en el proyecto que le ocupa. Esto le permitirá ver el camino recorrido y sentirse apoyado.

¡Tu opinión nos interesa!
¡Deja un comentario en la página web de tu librería en línea,
y comparte tus favoritos en las redes sociales!

PARA IR MÁS ALLÁ

FUENTES BIBLIOGRÁFICAS

- Cirillo, Francesco. 2012. *The Pomodoro Technique.* Berlín: FC Garage GmbH.

- Ferrari, Michaël. 2014. *Stop à la procrastination, c'est malin. Allez enfin au bout de vos projets.* París: Quotidien Malin.

- Latrobe, Daniel. 2000. *Gérer efficacement son temps et ses priorités. Concilier efficacité et bien-être.* Issy-les-Moulineaux: ESF Éditeur, colección *Formation Permanente.*

- Le Point, "Petit éloge de la procrastination structu-rée", 2013. Consultado el 17 de diciembre de 2017. http://www.lepoint.fr/societe/etes-vous-un-pro-crastinateur-06-06-2013-1688525_23.php

- Perry, John. 2012. "Procrastination, j'écris ton nom". *Philosophie Magazine*, n.º 63. 28 de septiembre. Consultado el 17 de diciembre de 2017. http://www.philomag.com/les-idees/procrastination-jecris-ton-nom-6057

FUENTES COMPLEMENTARIAS

- Emmet, Rita. 2005. *Ces gens qui remettent tout à demain. Conseils pour vaincre la procrastination.* Quebec: Éditions de l'Homme.

- Perry, John. 2012. *La procrastination. L'art de remettre au lendemain.* París: Autrement.

50MINUTOS.es

www.50Minutos.es

ISBN ebook: 9782806299673

ISBN papel: 9782806299680

Depósito legal: D/2017/12603/394

Libro realizado por <u>Primento</u>, *el socio digital de los editores*